AF440357

DISCOURS

POUR L'INAUGURATION DU TOMBEAU

D'ALEXIS PACCARD

ANCIEN PENSIONNAIRE DE L'ACADÉMIE DE FRANCE A ROME,
ARCHITECTE DU PALAIS DE FONTAINEBLEAU,
PROFESSEUR A L'ÉCOLE DES BEAUX-ARTS,
CHEVALIER DE LA LÉGION-D'HONNEUR.

Par EDMOND GUILLAUME, Architecte

AVRIL MDCCCLXX

PARIS

CHEZ A. LÉVY, ÉDITEUR

29, RUE DE SEINE

DISCOURS

POUR L'INAUGURATION DU TOMBEAU

D'ALEXIS PACCARD

Ancien pensionnaire de l'Académie de Rome, architecte du palais
de Fontainebleau, etc.

Messieurs,

Deux années déjà se sont écoulées depuis le jour où la mort si
imprévue de Paccard est venue nous frapper d'une douloureuse
stupeur, et nous nous réunissons aujourd'hui autour de cette
tombe que tous, amis et élèves, nous avons voulu lui élever
comme un témoignage de haute estime pour son caractère et
pour son mérite, comme un gage de l'affection que nous lui
avons vouée et qu'il méritait si bien; nous nous réunissons
pour évoquer plus particulièrement son souvenir, pour nous
entretenir des hautes qualités de son esprit, de son caractère et
de son cœur, du rare talent qu'avaient développé en lui une
nature exceptionnellement douée et des études profondes et
consciencieuses. Il est consolant de se rappeler par l'énuméra-
tion des qualités et des vertus qui nous les ont fait chérir les
amis qui ne sont plus, et nous ne saurions mieux inaugurer ce
monument qu'en rappelant ici la vie, trop courte, hélas! et les
travaux du maître, de l'ami, que nul ne remplacera parmi nous.

Alexis Paccard naquit à Paris, en 1813; son père, archiviste
au ministère des finances, tenait une librairie, et il dut puiser
de bonne heure, ou du moins développer, dans ce milieu favorable, les goûts studieux, la curiosité d'esprit qui l'ont tou-

jours distingué, et qu'il appliquait à toutes les sciences, même les plus élevées. Très-jeune encore, à dix-sept ans, il est admis à l'École des Beaux-Arts. Un architecte, M. Hubert, qui s'était intéressé à lui, le fit travailler et le guida dans ses premiers concours. Il se montre déjà dans ces épreuves ce que nous l'avons connu, doué de facultés que l'on regarde trop souvent comme inconciliables, et sans lesquelles pourtant il n'est pas d'artiste complet. Ces facultés existaient chez lui dans un juste et parfait équilibre : le côté scientifique des études architecturales l'attirait, sans que les travaux d'art et d'imagination en eussent à souffrir. Il avait compris le grand et indispensable secours qu'apportent les sciences exactes à l'étude de l'architecture. Aussi le voyons-nous, dans ces premiers concours, obtenir rapidement des médailles dans presque toutes les épreuves diverses de mathématiques et de construction, et en une année ses projets, ses esquisses, lui font franchir les degrés nécessaires pour entrer en première classe. M. Hubert, comprenant qu'à cette riche et puissante nature il fallait autre chose que des études isolées, lui ouvre alors un champ plus vaste, en le confiant au professeur le plus éminent, à M. Huyot, qui l'admet dans son atelier. Rien ne pouvait être plus heureux pour Paccard; il trouvait dans ce maître illustre toutes les belles et nobles qualités qui devaient le distinguer lui-même plus tard. Son vénéré maître le sentit, car il accorda bien vite à son jeune élève une bienveillance particulière. Paccard put dès lors puiser dans les belles et célèbres études rapportées d'Italie, d'Asie Mineure, d'Égypte et de Nubie, par Huyot. le goût ferme, l'esprit droit et net que nous le verrons montrer plus tard dans ses propres travaux.

Entré en première classe à la fin de l'année 1834, il est admis quelques mois après, à vingt-deux ans, le deuxième en loges pour le concours du prix de Rome, et remporte le deuxième grand prix sur le projet d'une *École de médecine et de chirurgie*. De nombreuses médailles viennent ensuite attester des études sérieuses et suivies. Paccard trouve néanmoins le temps de dessiner à cette époque les vitraux de l'église de Montmorency, et il travaille au grand ouvrage que M. Texier publiait à cette époque sur l'Asie Mineure; puis il est de nouveau reçu en loges en 1838, en 1839 et en 1840.

C'est dans cette dernière année qu'il eut le malheur, toujours très-grand pour un élève, de perdre son professeur, malheur plus grand encore quand le maître et l'élève sont unis par un vif attachement, et qu'il s'agit d'un maître comme était M. Huyot. Paccard fut désigné par ses camarades pour prononcer sur la tombe de leur professeur vénéré les adieux de ceux qu'il appelait ses enfants, et la fille de M. Huyot le choisit pour réunir et classer les études et les travaux de son père. Plusieurs dessins d'envois de son professeur lui furent donnés à cette occasion ; ce sont ceux dont la veuve de Paccard a bien voulu enrichir les collections de l'école des Beaux-Arts.

Avec la plupart de ses camarades d'atelier, Paccard entre alors, pour terminer ses études, chez M. Le Bas. En 1841 il est encore admis le deuxième en loges, et il remporte, à vingt-huit ans, le grand prix sur un projet de *Palais d'ambassade*. Beaucoup d'entre nous, messieurs, peuvent se souvenir de ce beau travail, qui vint clore la première période de la trop courte carrière de notre ami. — Il reste toujours en nous quelque chose de nos premières études ; dans ce beau projet qui couronna celles de Paccard, nous retrouvons la largeur d'idées, la noble sobriété, la grande sagesse, et en même temps cette originalité pleine de mesure qui ne lui fit jamais oublier les saines traditions, et qui donna à ses œuvres le cachet intime et personnel qui caractérise l'œuvre de l'artiste. Nous admirons dans son projet cette habile et sérieuse étude du plan, enseignée par son illustre maître, et qu'il devait rapporter plus tard, comme professeur, dans cette même École où il l'avait puisée. Pour couronner sa carrière si belle et si bien remplie à l'École, Paccard remportait, en même temps que le prix de Rome, la grande médaille d'émulation, ou prix départemental, accordée chaque année au plus grand nombre de succès obtenus. C'était, en quelque sorte, la ratification de son grand prix et la marque d'un talent éprouvé.

Paccard était donc parfaitement préparé aux belles études qu'allaient lui offrir l'Italie et la Grèce ; son âge, un jugement déjà formé, promettaient qu'il serait à la hauteur des impressions nouvelles éveillées dans toute âme d'artiste par ces œuvres puissantes, nobles restes de Rome et d'Athènes. Il partit donc, plein de foi et pénétré de l'amour de son art ; il accomplit ce merveilleux voyage que n'oublient jamais ceux qui l'ont fait dans de telles conditions, ce pèlerinage de Paris à Rome, admirable complément d'éducation artistique par l'échange fécond qui s'établit entre les compagnons, peintre, sculpteur, architecte, graveur et musicien, et se continue pendant les cinq belles · années que dure le séjour dans ce paradis terrestre des artistes qu'on appelle la villa Médicis.

Le climat de Rome ne fut point favorable d'abord au nouveau pensionnaire de l'Académie de France; les fièvres vinrent l'éprouver et apportèrent à ses travaux d'inévitables retards. Il voulut au moins remplir exactement ses obligations, et s'il ne put rien envoyer en 1843, il se dédommagea largement en 1844. Son esprit de méthode lui avait fait adopter comme premier sujet d'étude un *Parallèle des principaux tombeaux de Rome et de Pompéi*. C'était d'abord le tombeau de Cœcilia Metella, qu'il put mesurer et dessiner dans son état actuel et dans tous ses détails, en 1842, pendant les rares intervalles que lui laissa la maladie. Dans la restauration qu'il fit des détails de ce monument, il mit à profit l'instructif échange dont je louais tout à l'heure les heureux effets, et qui donne une si grande valeur aux études de la Villa; c'est avec Diébolt, son contemporain, *son sculpteur*, qu'il étudia et restaura les belles figures, mutilées aujourd'hui, qui décoraient la face principale de ce monument, sur la voie Appienne. L'année suivante, en 1843, Paccard se rend à Naples, puis à Pompéi, et là il complète son double envoi par une belle et sévère étude de la *Voie des Tombeaux*, en s'attachant surtout au *Tombeau dit des Guirlandes*. Ces derniers dessins, comme les précédents, dénotent un soin religieux, une précision parfaite, et une habileté très-grande dans le rendu.

En 1844 il prend à Rome le sujet de son troisième envoi, et choisit le plus beau et le plus majestueux des ordres corinthiens de Rome antique, celui de *Mars Vengeur*. Ce n'est pas sans en retirer le fruit le plus précieux, quoi qu'on en ait dit, qu'un artiste de valeur vit ainsi plusieurs mois dans le commerce journalier d'un pur modèle antique, en l'étudiant dans ses moindres détails, sur la pierre même ou sur le marbre. Il arrive ainsi à s'imprégner, en quelque sorte, de l'esprit élevé et simple à la fois qui dirigeait les anciens; son idéal se forme, et il possède un guide sûr qui, sans l'asservir, l'empêche à tout jamais de s'égarer. Paccard reproduisit tous les détails de cet ordre type, et sut entrer dans le caractère si large et si pur qu'on y admire. Les dessins dans lesquels il a rendu cette noble et grave architecture peuvent être considérés comme des modèles. Aussi nous sommes heureux de dire ici que ces précieuses études, par la généreuse et expresse volonté de Mme Paccard, iront un jour augmenter les collections de l'école des Beaux-Arts, archives naturelles de ces patientes œuvres auxquelles tant de belles années ont été consacrées.

Ces classiques labeurs, demandés comme études d'envoi aux pensionnaires, et qui sont pour eux ce que la lecture d'Homère et de Virgile est aux littérateurs, étaient loin d'absorber tous les instants de Paccard : guidé par des idées générales, par un esprit pratique et moderne, il sut étudier à fond, mesurer et dessiner, à Pompéi, les ravissantes maisons où se retrouve l'art intime et familier des anciens, à Rome, à Naples, à Sienne, dans toute l'Italie, les palais et les églises de la Renaissance, inspirés aux sources antiques, mais plus rapprochés de nous et de nos besoins.

Ces travaux d'architecture ne lui suffisaient pas ; il se livra aussi à l'étude de la langue italienne et des maîtres qui l'ont illustrée. Plus tard, quand il fut rentré à Paris, les œuvres de Dante, de Boccace, de Pétrarque, de l'Arioste, de Vasari, etc., étaient souvent dans ses mains, et lui rappelaient les années heureuses passées en Italie.

En 1845, une mesure des plus louables, longtemps poursuivie par l'Académie des Beaux-Arts, fut enfin réalisée : des fonds spéciaux furent mis à la disposition des pensionnaires architectes pour aller étudier, en Grèce, les monuments d'une architecture qui, entre toutes, a le plus approché de la perfection. Titeux et Paccard furent appelés les premiers à se rendre à Athènes ; ils quittèrent Rome dans le mois de juillet de la même année, et se dirigèrent vers l'Orient. Jusqu'alors, les merveilleux monuments d'Athènes ne nous étaient connus scientifiquement que par le grand ouvrage de Stuart et Revett, ouvrage très-estimé, mais incomplet, vu les difficultés de toute sorte qu'avaient eu à surmonter les architectes anglais, à l'époque (1750) où ils ont accompli leur travail. Plus favorisés que leurs prédécesseurs, Paccard et Titeux trouvaient l'Acropole libre, et ses monuments à peu près dégagés des constructions turques qui les encombraient auparavant. Ils allaient pouvoir se livrer en liberté à toutes les recherches; que de points douteux ils allaient éclaircir, que de problèmes jusque-là vainement cherchés ils allaient résoudre! quel vaste champ à explorer, et quel enthousiasme ils durent ressentir!

Ce champ était trop vaste, il fallut le limiter et même le partager. Titeux s'attaqua aux Propylées, et il le fit avec tant d'ardeur qu'il succomba avant d'arriver à la fin de son travail, tué par les fièvres qu'il avait contractées dans les fouilles (1). Paccard fut plus heureux; il avait choisi le Parthénon, et pendant près de deux ans ce fut un combat entre le plus parfait des chefs-d'œuvre de l'architecture grecque, avare de ses secrets, et l'un des plus accomplis de nos pensionnaires. Il était heureusement à la hauteur d'une telle lutte, et la victoire devait lui appartenir.

Son travail commença naturellement par le mesurage de l'état actuel du monument et par l'étude des détails. Dans l'accomplissement de cette tâche, il s'aperçut bientôt que le soin qu'il avait apporté jusque-là à l'étude et au mesurage de l'architecture romaine était insuffisant devant la finesse inouïe et la précision incroyable de l'architecture grecque. Confiant tout d'abord dans l'œuvre de Stuart et Revett, où il n'est pas fait mention de cette inclinaison des colonnes et des murs qui fait du noble édifice une sorte de pyramide tronquée, ni de ces courbes qui gonflent toutes les lignes horizontales et autres, Paccard, en remettant son mesurage à l'échelle, fut étrangement surpris de voir qu'il n'arrivait à aucun résultat acceptable. Il dut déchirer son premier travail et recommencer à nouveau, en employant les moyens les plus rigoureux, en ne laissant aucune place à l'erreur. C'est ainsi qu'il découvrit pour son propre compte ces deux curieuses particularités des édifices grecs, dont le Parthénon n'est pas le seul exemple.

En arrivant en Grece Paccard n'eut pas, comme ses successeurs, l'heureuse chance d'y trouver l'école française d'Athènes : cette sœur de l'école de Rome ne fut créée et installée que plus

---

(1) Son œuvre fut heureusement complétée, pour le *mesurage* et pour le *rendu*, par M. Chaudet, son compagnon de voyage et son ami.

tard. Il ne rencontra donc pas, comme nous, la bonne hospitalité d'un directeur ami des arts et des artistes, M. Daveluy, et l'accueil sympathique de jeunes compatriotes auprès desquels on trouvait, après l'instruction artistique générale qu'offre la villa Médicis, celle qui résulte des études littéraires et archéologiques. Sur la fin de son séjour seulement il put voir les premiers arrivants de cette colonie qui devait immédiatement donner la main à sa sœur aînée et commencer une association féconde dont l'avenir devait montrer les heureux résultats.

Mais si Paccard ne jouit que peu de temps du bienfait d'un semblable commerce, il eut du moins le bonheur de trouver à la Légation de France, dans la personne de M. Piscatory, un ministre ami des arts, qui fut bientôt celui de l'artiste. Quand il eut terminé son mesurage et qu'il dut penser à exécuter ses dessins d'envoi, l'extrême chaleur était venue; c'est à Patissia, une des rares oasis des environs d'Athènes, chez le ministre même, qu'il trouva un abri et qu'il put travailler entouré des soins de l'hospitalité la plus cordiale.

Paccard n'a jamais oublié ce touchant accueil de M. Piscatory, et nous pouvons dire à son honneur qu'en décembre 1851 nous l'avons vu se rendre aux prisons du Mont-Valérien pour visiter l'ex-ministre dont les circonstances avaient fait un député au Corps législatif et un prisonnier d'État.

Pendant le travail de Paccard, le Muséum britannique, pour répondre aux justes réclamations du gouvernement grec, qui voulait voir réintégrer à l'Acropole les marbres enlevés par lord Elgin, se décida à envoyer des moulages en ciment d'une cariatide du Pandrosium et des bas-reliefs latéraux du temple de la Victoire Aptère. M. Piscatory voulut que la France eût le beau rôle dans cette réparation tardive. Il fit les frais de la restauration du Pandrosium et en confia la direction à Paccard. C'est donc à eux que nous devons d'avoir vu atténuer, sinon disparaître complètement, les traces de la brutalité des marins de lord Elgin. Ceux-ci, pour enlever une des statues, avaient brisé l'entablement, et il avait fallu remplacer la noble cariatide absente par un ignoble pilier en briques. Aujourd'hui du moins, grâce à cette intelligente restauration, nous pouvons apprécier l'ensemble de cet élégant édifice.

L'œuvre de Paccard à Athènes fut longue, car il voulait qu'elle fût complète. Pour ne rien laisser à l'incertitude, il fit son travail tout entier en Grèce ; sa *restauration* y fut étudiée et *rendue*, et même le curieux mémoire qui l'accompagne y fut aussi rédigé. Ce mémoire, à lui seul, est un travail de grande valeur, une œuvre magistrale où nous retrouvons toutes les qualités de son esprit : la précision et la netteté jointes à l'enthousiasme du beau et du vrai. Il se pose à lui-même dès le préambule, le programme qu'il veut suivre, et nous fait connaître ainsi avec quelles idées, dans quel but il a entrepris et conduit son travail. Son but est purement architectural, et il déclare s'abstenir de toute recherche archéologique. « Chercher la vérité en laissant les faits se produire, en les enregistrant pour généraliser ensuite et tirer des conclusions. » Tel était son programme, et il l'a rigoureusement suivi. Jamais travail ne fut conduit avec plus de méthode et de sincérité, jamais plus de recherches et d'études ne furent appliquées à chaque partie, à chaque point d'un édifice. « On restaure avec ce que l'on sait, » nous disait-il un jour ; il a prouvé ici qu'il savait beaucoup, qu'il savait surtout observer, voir et déduire.

Nous le répétons, pareil homme était digne de s'attaquer à un semblable monument. Aussi, que de faits nouveaux il nous a appris, que de résultats imprévus il nous a fait connaître et qu'il était impossible de deviner d'après l'ouvrage de Stuart et Revett ! Il faudra que ce savant travail, vraiment classique, soit publié pour qu'on en puisse juger.

Ayant consacré près de deux années à son travail sur le Parthénon, Paccard ne put faire entrer dans les dix-huit feuilles de dessins qui composent son envoi tout ce qu'il avait recueilli. La coupe transversale même y fait défaut. Tous ces précieux documents se sont heureusement retrouvés avec l'étude préparée de cette même coupe, et deux portefeuilles, qui ne contiennent pas moins de trois cents dessins, ont été généreusement acquis par l'administration des Beaux-Arts, pour être déposés à la bibliothèque de l'École, près des grands dessins de cette belle restauration du Parthénon. L'œuvre principale de Paccard est ainsi réunie et complétée autant qu'il était possible après sa mort ; elle compose un véritable monument, tout à fait unique, plein d'autorité, digne en un mot de l'œuvre d'Ictinus, de Callicrates et de Phidias.

Au mois d'octobre 1847, le travail de Paccard était exposé à

Paris. Pour tous ceux qui s'intéressent aux choses d'art, ce fut un événement, une grande émotion, ce fut presque une révélation. Il y avait là bien des choses qui semblaient étranges, bien des faits nouveaux, inattendus, et qui choquaient les idées admises. Il en résulta une lutte vive, et renouvelée, surtout au point de vue de la polychromie; Paccard, fidèle à la vérité, s'était rangé du côté de ceux qui affirmaient la coloration des monuments. Ce principe que personne ne peut nier aujourd'hui, était alors vivement contesté, par ceux-là surtout, il est vrai, qui n'avaient pas vu les monuments grecs. Appelé devant l'Institut à plusieurs reprises, après son retour, Paccard soutint ce qu'il avait vu, il apporta des preuves, des fragments de couleurs recueillis par lui sur les moulures du Parthénon, et son témoignage fut d'un grand poids pour modifier des opinions jusque-là négatives et absolues. L'Académie proclama, dans son rapport annuel, que des points douteux jusqu'alors, concernant l'arrangement et la décoration du Parthénon, avaient été éclaircis par cette belle restauration.

Paccard ne pouvait quitter Athènes sans faire quelques excursions dans l'ancienne Grèce. Il avait visité Constantinople, Corinthe, l'Argolide; il avait vu, avec M. Piscatory, Egine, le cap Sunium et Trézène. Il vit aussi, avec M. Thouvenel, Thèbes et Marathon.

Mais l'heure du retour avait sonné; sa pension avait pris fin le 1er janvier 1847; il fallait rentrer en France, dire adieu à ses chères et calmes études, à ce qui avait fait sa joie pendant près de deux ans, pour revenir à Paris, vers cet inconnu qui attend la plupart des pensionnaires; il fallait venir au-devant d'une lutte pleine d'angoisses, et que l'on doit savoir accepter malgré tout ce qu'elle a de pénible. Après cinq années d'un travail sérieux et paisible, après le commerce idéal des grands maîtres et de leurs œuvres sereines, il faut retomber dans la réalité... C'est la loi de toute carrière fondée sur de hautes études; elle marqua la fin de la deuxième période, la plus heureuse, de la vie de Paccard.

Il ne toucha point à Rome et rentra directement en France. Avec sa fermeté ordinaire et sa douce philosophie, Paccard sut accepter les épreuves qui se présentaient, il affronta courageusement les amertumes du retour. Elles ne lui furent pas ménagées. Le 6 décembre 1847, ce familier de Phidias et d'Ictinus, tout ému encore de cette vie de chaque jour avec les marbres sublimes de l'Acropole, tout enivré du soleil de la Grèce, est nommé par M. de Rambuteau sous-inspecteur des travaux d'appropriation des caves des Greniers de réserve au service de la boulangerie!

Cette chute devint plus grande encore quelques mois après, quand éclata la Révolution de Février, et qu'aux anxiétés de sa position vinrent se joindre le trouble des idées et le tapage de la rue. Il put heureusement se réfugier dans l'étude et dans ses chers souvenirs : une occasion providentielle s'offrit à lui pour l'y aider.

M. L. de Laborde commençait alors une grande et belle publication sous ce titre : *Le Parthénon, documents pour servir à une restauration,* et il eut l'heureuse idée de demander à Paccard sa collaboration. Il ne pouvait mieux s'adresser, et notre ami se mit à l'œuvre. La publication, hélas! s'arrêta bientôt, fut interrompue, et une seule et belle planche, représentant l'entablement du grand ordre parut avec le nom de Paccard. Cette publication est restée inachevée.

Paccard voulut plus tard entreprendre à lui seul un livre sur le Parthénon; nous en avons retrouvé le plan dans les cartons qui sont aujourd'hui à l'école des Beaux-Arts. Il avait esquissé chacune des planches qui devaient en faire partie, mais il ne put réaliser ce projet, et nous attendons encore l'œuvre digne d'un tel monument, et que Paccard aurait pu faire si belle et si complète.

Au mois de juillet 1849 il est nommé inspecteur des travaux du Ministère de l'intérieur; en janvier 1851, tout en le félicitant de son zèle, ces travaux étant terminés, on le remercie de ses services. Trois mois après, il est appelé comme inspecteur à diriger une partie des travaux de décoration pour le troisième anniversaire de la proclamation de la République; enfin, le 9 mai, il devient inspecteur des travaux de restauration à exécuter au Palais des Tuileries, sous la direction de M. Bourgeois.

Cette direction change bientôt : elle passe aux mains de M. Visconti; Paccard devient alors inspecteur de troisième classe, et M. Visconti le charge spécialement des grands travaux.

Notre ami touchait à la fin de ses épreuves; on commençait à apprécier la valeur de l'homme. En janvier 1852 il est nommé architecte du palais de Rambouillet, et le 16 mai 1853 M. Fould, ministre d'État, le charge de diriger les travaux à exécuter au château de Pau, où l'Empereur et l'Impératrice devaient séjourner. Paccard construit dans les fossés du château des écuries et des remises, et restaure aux Eaux-Bonnes l'hôtel du Gouvernement. Plus tard, il travaille à la restauration du château. Cette restauration était commencée depuis longtemps dans une voie fausse, sans aucun respect pour le caractère primitif du monument et sans qu'on soit arrivé à faire du vieux donjon de Gaston Phœbus un château habitable; mais l'œuvre de Paccard se réduit ici à la restauration de la tour de Phœbus et à l'exécution de son fier couronnement.

Au commencement de l'année 1854, l'assemblée générale des professeurs de l'École des Beaux-Arts élit Paccard membre de la commission d'architecture appelée à juger les concours. Le voici rapproché de cette École témoin de ses premiers succès. Ce rapprochement eût dû se produire plus tôt. Paccard, parmi toutes ses belles qualités, possédait à un haut degré celles qui sont nécessaires à l'enseignement. A diverses reprises il avait dû suppléer son dernier maître, M. Le Bas, dans la direction de son atelier; les circonstances s'opposèrent à ce que cet arrangement devînt définitif. Mais les élèves le connaissaient et l'aimaient; ceux mêmes qui ne le connaissaient pas allaient lui soumettre leurs études, sûrs d'être bien accueillis. Toujours prêt à s'occuper de son art, à encourager les jeunes gens qui le cultivaient, il prodiguait les conseils, les appuyant avec profusion de croquis, de notes, d'indications, sachant aussi au besoin arrêter d'un mot ferme et juste celui qui s'égarait, et ne voilant à personne la vérité. Combien de nous sont allés rue Miroménil, leurs études sous le bras, le cœur plein de doutes et près du découragement, pour s'en revenir retrempés par sa parole, par son exemple, et avec la certitude d'avoir rencontré le bon chemin!

Au mois de mars 1855 un poste digne de Paccard lui est enfin confié : il est nommé architecte du palais de Fontainebleau et reste chargé du château de Rambouillet et du domaine de la Sologne. Son talent, son goût artistique, vont trouver à s'exercer dans cette nouvelle résidence, où bientôt nous suivrons en détail ses travaux.

C'est alors qu'un heureux événement vient compléter l'existence de Paccard en lui donnant les jouissances de la vie de famille. Il se marie, et cette union, que la mort devait rompre trop vite, donne à ses dernières années une sérénité qui laisse s'épanouir toute la douceur de son esprit et les riches qualités de son cœur. Sa compagne dévouée ne respire aujourd'hui que pour veiller au culte de sa mémoire. Puissent ces souvenirs que nous recueillons aujourd'hui tempérer un peu l'amertume de ses larmes, en lui montrant combien celui qu'elle pleure emporte avec lui d'estime et de regrets !

Dans cette même année 1855, où notre première Exposition universelle vit dans une même salle la série presque complète des travaux des architectes pensionnaires de Rome, la restauration du Parthénon eut un nouveau succès, et le jury crut devoir la récompenser d'une médaille de seconde classe.

Au mois de décembre 1856, le ministre d'État et de la maison de l'Empereur charge Paccard d'une nouvelle mission. Il l'envoie en Corse, à Ajaccio, pour y restaurer la maison où était né Napoléon Ier, pour y installer dans le collége Fesch un musée-bibliothèque, et pour construire une chapelle destinée à recevoir les cénotaphes de Madame Mère et du cardinal Fesch.

Ces premiers travaux avaient fait connaître le mérite de Paccard ; il devait en être bientôt récompensé. Fait chevalier de la Légion d'honneur au mois d'août 1857, il était appelé au mois de décembre suivant à siéger au Conseil des bâtiments civils ; il en fit partie une seconde fois en 1863. Plus d'un rapport remarquable vint y mettre en lumière sa haute intelligence, sa rare droiture et son esprit judicieux.

C'est pendant ces mêmes années, à partir de 1855, que s'accomplirent les importants travaux qu'il eut à diriger dans ce palais de Fontainebleau où depuis François Ier tant d'artistes avant lui avaient laissé une trace de leur talent. C'est tout d'abord la restauration de la chapelle de la Trinité, à laquelle il sut rendre sa physionomie première en y faisant replacer d'admirables boiseries du siècle de Louis XIII, des clôtures de chapelles qu'on avait reléguées dans les greniers. Au milieu de travaux moins importants et d'un service très-compliqué il fit exécuter, en 1856, une restauration des peintures murales de la galerie de Henri II, en 1857 la restauration des façades de la cour ovale, en 1858 celle du dôme du baptistère et l'installation de la bibliothèque dans la galerie de Diane. En 1858, c'est la restauration de l'appartement dit du pape, si heureusement décoré par lui de curieuses tapisseries; c'est une autre restauration non moins importante, celle des peintures murales de la galerie de François Ier; en 1860 il obtient de démolir les appartements établis dans l'ancienne galerie des Cerfs. C'était quelque chose, mais il dut attendre quatre ans avant de pouvoir mettre la main à ce curieux morceau d'architecture du règne d'Henri IV.

En 1863, il transforme les salles du rez-de-chaussée du gros pavillon en un musée chinois. Il sut déployer, en cette circonstance difficile, une telle science de construction et un goût si parfait dans l'arrangement et la décoration, qu'on a considéré ce travail comme un tour de force, et que l'Empereur lui fit remettre à cette occasion un témoignage particulier de sa satisfaction.

En 1864, il construit l'escalier dit de Philippe-Auguste et commence une galerie des Fastes. Ce grand escalier permet d'arriver à couvert des appartements impériaux aux salons qui constituent le musée chinois. C'est aussi un chef-d'œuvre de construction et d'élégante simplicité. Enfin il commence, en 1864, la restauration de la galerie des Cerfs. Cette belle galerie n'a pas moins de 74 mètres de long sur 7 de large; vingt fenêtres à plein-cintre et une porte ouvraient sur les jardins, et l'on pouvait voir, peintes à l'huile, sur la muraille opposée, toutes les résidences royales de France prises à vol d'oiseau, toutes les forêts environnantes, avec leurs chasses et l'indication des relais, des poteaux et des rendez-vous. Entre ces vues venaient s'ajuster des têtes de cerfs. C'est à ces ornements cynégétiques que la galerie doit son nom. Les trumeaux des fenêtres étaient ornés de pilastres corinthiens au-dessus desquels étaient peints des chiens de chasse; les trumeaux plus larges de la porte du milieu portaient deux peintures très-curieuses représentant les bâtiments du Louvre, des Tuileries, et le château de Vincennes, tels qu'ils étaient réalisés ou projetés à l'époque de Henri IV. Le plafond était peint: chaque poutre, chaque solive était recouverte d'ornements et de trophées N'oublions pas de dire que l'ornementation de cette galerie avait sa raison d'être: Henri IV y venait préparer avec son grand veneur le plan des chasses quand il voulait *courre le cerf*. Sous Louis XV, paraît-il, ce plaisir doublé de fatigue fut moins goûté de la cour, car la galerie des Cerfs, divisée par des planchers et des cloisons, fut transformée en appartements pour loger les ambassadeurs. De nos jours, son souvenir n'existait plus que dans les Mémoires du temps, et c'est au moyen des renseignements qu'ils renferment que Paccard put découvrir l'emplacement de la galerie. On devine combien était difficile l'œuvre qu'il allait commencer. Les maçons de Louis XV avaient détruit sans aucun ménagement presque toutes les peintures. Quelques-unes avaient complétement disparu, il ne restait de beaucoup d'autres que des vestiges. Paccard entreprit ce travail avec amour; il fit à la fois œuvre de bénédictin et d'artiste, et sut montrer de combien d'érudition et de sagacité il était capable. Rien ne lui coûta pour retrouver les documents authentiques de cette restitution; il fouilla les archives, les bibliothèques, et fit même plusieurs voyages pour consulter des collections particulières. Il dessina lui-même ou compléta ainsi les vues des résidences que la pioche avait endommagées ou abattues. En trois ans ce travail énorme fut presque achevé, toute l'ornementation était faite, et quatre vues seulement, sur treize, restaient à exécuter. Mais, hélas! notre ami ne devait pas voir l'achèvement complet de cette œuvre de prédilection, une des principales entre celles qui feront vivre sa mémoire.

Elle eût été sans doute pour lui un titre de plus à l'Institut : déjà en 1863, l'Académie ayant à remplacer M. Caristie, avait mis Paccard sur la liste des candidats, et elle lui avait donné assez de voix pour garantir son entrée au noble corps dans un prochain avenir.

Cet avenir ne vint pas; mais avant de descendre dans la tombe, Paccard put encore, sur un autre théâtre, prouver la supériorité de son talent et rendre fécondes pour les autres ses rares aptitudes.

En 1863, un décret avait changé complétement l'ancienne organisation de l'École des Beaux-Arts. Entre autres choses nouvelles, trois ateliers pour l'enseignement de l'architecture furent créés à l'École. Paccard fut immédiatement appelé à diriger un de ces ateliers; mais au nom de la position qu'il occupait à Fontainebleau, et qui le forçait à y résider, il refusa d'abord ces nouvelles fonctions, qui exigeaient une présence régulière et

assidue auprès des élèves. Chacun de nous, messieurs, peut se
rendre compte de l'énorme difficulté que présente la création
d'un atelier, surtout dans les circonstances qui se présentaient
à cette époque. Il s'agissait de former des élèves depuis l'A B C
de l'art, pour ainsi dire, et il n'y avait pas là ce noyau d'anciens
élèves qui est pour le maître d'un si puissant secours. Paccard
voyait ces difficultés, il comprenait combien de temps et d'efforts
il faudrait consacrer à cette œuvre nouvelle ; mais l'insistance,
très-honorable pour lui, de l'administration, son amour de l'art
et de la jeunesse studieuse, l'emportèrent : il finit par accepter
les fonctions qu'on lui proposait, et son atelier fut ouvert dans
les premiers mois de 1864. Toutes les places y furent vite rem-
plies, et bientôt il dut refuser les aspirants.

Paccard était né professeur, nous l'avons dit ; il le prouva
bientôt. J'ai eu l'honneur de le remplacer plusieurs fois dans
son atelier quand il ne pouvait quitter Fontainebleau, et j'ai pu
juger combien il avait su renouveler, varier les études théori-
ques et pratiques, combien il avait su rendre le travail intéres-
sant et attrayant pour ses élèves, quelle haute idée de l'art il
leur avait inculquée, et combien ceux-ci l'estimaient et le chéris-
saient.

Aussi, tant de savoir uni à tant d'efforts et de soins devait
produire un magnifique résultat. Il ne se fit pas attendre ; trois
ans après la fondation de cet atelier, en 1867, ces élèves qu'il
avait pris au début, auxquels il avait montré les premiers élé-
ments, ces élèves occupaient la moitié des places parmi les
concurrents au grand prix de Rome, et ils remportaient *toutes*
les récompenses du concours. On l'a dit : « un pareil fait n'a pas
de précédents, et il honore grandement le professeur éminent
et l'artiste distingué qui a su conquérir un si éclatant succès. »

Malheureusement, notre ami devait être en quelque sorte
enseveli dans son triomphe. Nous l'avions vu, le 13 août 1867,
assister joyeux et justement fier au couronnement de ses élèves ;
c'était pour lui une glorieuse compensation à de nombreux dé-
boires, à des chagrins vivement ressentis, mais presque insé-
parables de la carrière d'un artiste. Deux jours après, il partait
pour Aix-les-Bains, où il comptait trouver la guérison d'une affection récente, d'une angine de poitrine, qui plusieurs mois
auparavant l'avait fait cruellement souffrir. Hélas ! à peine ar-

rivé, le 18 août 1867, il succomba tout à coup, dans les bras de sa compagne éplorée, près d'un ami qui heureusement l'avait précédé dans ce lieu fatal.

Ainsi finit, à cinquante-quatre ans, la trop courte carrière de celui qu'attendait un si bel avenir; ainsi furent brisés et interrompus tant d'études et de travaux; ainsi mourut, dans la plénitude de ses facultés, dans toute la force de son talent, au seuil même de la gloire, cet homme de cœur, cet éminent artiste.

Les arts ont perdu en lui un maître du plus haut mérite, la société une intelligence des plus distinguées, ses amis un cœur noble et dévoué, un esprit droit et ferme, un caractère aussi modeste que généreux.

Nous conserverons toujours dans nos cœurs, messieurs, le souvenir de tant de qualités qui faisaient de Paccard un homme accompli; le sentiment de sa perte sera toujours présent parmi nous, et sa mémoire durera autant que nous-mêmes.

Puisse ce simple récit perpétuer, pour les générations plus jeunes, le souvenir de sa vie exemplaire, de son fécond enseignement et de ses nobles travaux! Puisse-t-il, pour ce qui me concerne, rester un témoignage tout particulier de ma vive reconnaissance et de mon inaltérable amitié!

EDMOND GUILLAUME.

8196 — Paris, imprimerie Jouaust, rue Saint-Honoré, 338.